¿Qué hay en el desván?

Presentar la división

Créditos

Dona Herweck Rice, *Gerente de redacción*; Lee Aucoin, *Directora creativa*; Don Tran, *Gerente de diseño y producción*; Sara Johnson, *Editora superior*; Evelyn Garcia, *Editora asociada*; Neri Garcia, *Composición*; Stephanie Reid, *Investigadora de fotos*; Rachelle Cracchiolo, M.A.Ed., *Editora comercial*

Créditos de las imágenes

cover Nagel Photography/Shutterstock; p.1 Nagel Photography/Shutterstock; p.4 (top) Robin Erickson, (bottom) Nagel Photography/Shutterstock; p.5 Diva N Focus/BigStockPhoto; p.6 David Seed/Getty Images; p.7 SuperStock; p.8 SuperStock; p.9 (top) WENN.com/Newscom, (middle) syaochka/Shutterstock, (bottom) Margo Harrison/Shutterstock; p.10 Hydromet/Shutterstock; p.11 Maurice Savage/Alamy; p.12 Frances M. Roberts/Newscom; p.13 (top) Stephen Coburn/Shutterstock, (bottom) Tim Bradley; p.14 Robin Erickson; p.15 (left) Cheryl Casey/Shutterstock, (right) Mary Ann Madsen/Shutterstock; p.16 Newscom; p.17 Thumb/Shutterstock; p.18 Tim Bradley; p.19 Tim Bradley; p.20 (top) Jurie Maree/Shutterstock, (bottom) Studio BM/Shutterstock; p.21 Shutterstock; p.22 (top) Thomas Brain/Shutterstock, (bottom) Olemac/Shutterstock; p.23 Shutterstock; p.24 Michael D. Brown/Shutterstock; p.25 Istomina Olena/Shutterstock; p.26 Picsfive/Shutterstock; p.27 hmproudlove/BigStockPhoto; p.28 R. Nagy/Shutterstock

Teacher Created Materials

5301 Oceanus Drive
Huntington Beach, CA 92649-1030
http://www.tcmpub.com
ISBN 978-1-4333-2742-1

Tabla de contenido

Exploremos el desván

Todos los años, los niños Shaw pasan 2 semanas con sus abuelos en el campo. El año que viene, los abuelos se van a mudar a la ciudad.

Los abuelos le piden a sus nietos que los ayuden a limpiar el **desván**. Los niños quizás encuentren algo para llevar a casa.

Los niños nunca habían estado en el desván. Hay mucho para **explorar**. Todos quieren revisar los baúles y las cajas.

La abuela les cuenta que algunos de los objetos pertenecieron a su papá. Los niños tendrán la posibilidad de **descubrir** algo nuevo sobre él.

Exploremos las matemáticas

Los niños Shaw son 4. Todos quieren buscar en los baúles y las cajas. Comienzan con 4 baúles y 4 cajas.

    a. ¿Cuántos baúles deberá abrir cada niño si todos quieren revisar **igual** cantidad de baúles?

    b. ¿Cuántas cajas deberá abrir cada niño si todos quieren revisar igual cantidad de cajas?

Hagamos un plan

Se turnan y abren todos los baúles y las cajas. Encuentran 8 **colecciones** de objetos de hace mucho tiempo.

A las niñas les gustan algunas. A los niños les gustan otras. Se les ocurre un plan para repartirlas.

Colecciones
24 libros de suspenso
20 cómics
4 fotografías grandes y 2 álbumes de fotografías
20 tarjetas de béisbol
12 conjuntos de muñecas de papel
18 automóviles pequeños de metal
14 sombreros y pañuelos
56 discos

A Kai y a Lori les gusta leer. También a Matt y a Gabe les gusta leer.

Deciden llevarse a casa los 24 libros de misterio y turnarse para leerlos. Será divertido leer los viejos libros de misterio.

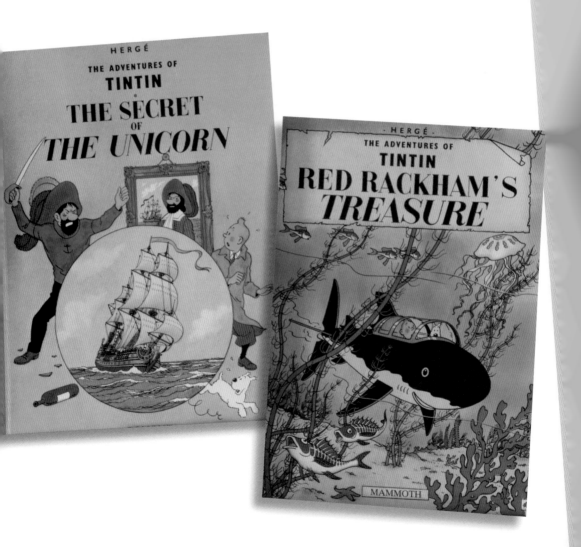

En un baúl hay 20 cómics. Todos los niños quieren quedarse con algunos. Sacan pajillas para ver quién elige primero.

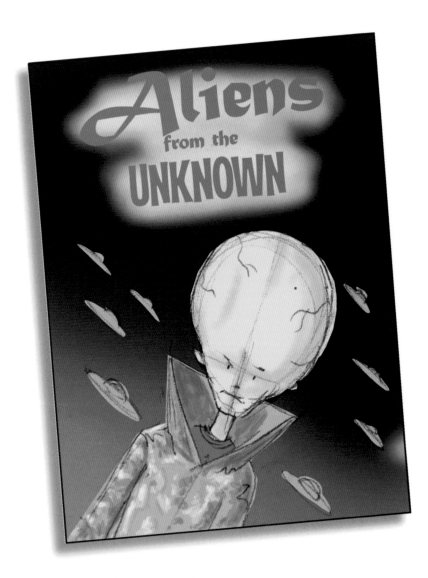

Quien escoja la pajilla más corta puede elegir primero. El que saque la pajilla más larga será el último. Se turnan para elegir hasta que no quedan más cómics.

Exploremos las matemáticas

Los 4 niños Shaw comienzan con 20 cómics. Cada niño tiene el mismo número de cómics. ¿Cuántos recibe cada uno?

Los niños Shaw encuentran 4 fotografías de los abuelos cuando eran jóvenes. Cada niño se lleva 1 fotografía para su **tablón de anuncios**.

Los niños colocan los 2 álbumes de fotografías dentro de una caja para dárselos a sus padres. Mirarán los álbumes todos juntos.

Sigamos turnándonos

Matt y Gabe estudian las 20 tarjetas de béisbol. Cada tarjeta está en una funda plástica. Encuentran 2 tarjetas de **Mickey Mantle**. Los dos quieren tener una.

Tarjeta de béisbol
de Matt

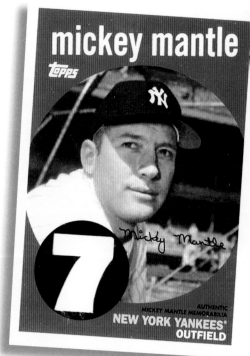

Tarjeta de béisbol
de Gabe

Deciden averiguar más sobre las tarjetas antes de repartirlas. ¡Es probable que valgan bastante dinero! Buscan información en la Internet.

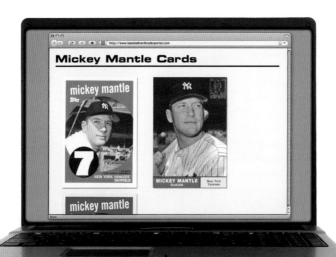

Exploremos las matemáticas

Hay 20 tarjetas de béisbol.

a. Si sólo Matt y Gabe se reparten las tarjetas en partes iguales, ¿cuántas tendrá cada uno?

b. Si los 4 niños se reparten las tarjetas en partes iguales, ¿cuántas tendrá cada uno?

A Kai y a Lori les encantan las muñecas de papel. Tienen mucha ropa bonita. Hay 12 muñecas de papel. Los niños no quieren ninguna. Kai y Lori se las reparten en partes iguales. Por lo tanto, cada una se queda con 6 muñecas de papel.

Muñecas de papel
de Kai

Muñecas de papel
de Lori

Kai y Lori tienen una prima. Se les ocurre que a ella también le gustará tener algunas muñecas de papel. Entonces deciden **dividirlas** entre las 3.

Exploremos las matemáticas

Hay 12 muñecas de papel. Kai y Lori las repartirán en partes iguales entre ellas y su prima. ¿Cuántas muñecas de papel recibirá cada una?

Gabe y Matt revisan los 18 automóviles de metal. Cada automóvil tiene puertas que se abren.

Gabe y Matt conducen 2 de los automóviles por el piso del desván. A Lori también le gustan los automóviles. Los dividen por igual entre los 3.

Exploremos las matemáticas

Hay 18 automóviles pequeños. Gabe, Matt y Lori los reparten en partes iguales entre los 3. ¿Cuántos automóviles recibe cada uno?

Kai y Lori se prueban 10 sombreros y 4 mascadas. ¡Las plumas de uno de los sombreros hacen estornudar a Lori!

Kai y Lori dividen los sombreros y mascadas por igual. En total, hay 14 sombreros y mascadas. ¿Cuántas prendas recibe cada niña?

Los sombreros y mascadas de Kai

Los sombreros y mascadas de Lori

La última caja está llena de discos. Hay 56 en total. Algunos pertenecían a la abuela. Otros eran de su papá. A todos los niños les gusta la música.

Piden llevarse los discos a casa. Su papá tiene un viejo tocadiscos. Podrán cantar y bailar todos juntos las viejas canciones.

Los niños Shaw guardan en cajas las colecciones para llevar a casa. Están cansados y llenos de polvo. El abuelo les dice que hicieron un buen trabajo.

La abuela luego les dice que tiene una sorpresa para ellos. ¿Adivina qué encontrarán en el sótano? ¡Más colecciones!

Día de mudanza

Los abuelos Shaw se mudan a la ciudad. Les piden a sus 10 nietos que los ayuden a prepararse. Algunos trabajan en el desván. Otros limpian el sótano. Los demás vacían el garaje. Todos trabajan mucho. Los abuelos tienen 10 billetes de diez dólares y 20 billetes de cinco dólares. Al finalizar el día, reparten el dinero entre sus nietos en partes iguales.

a. ¿Cuántos billetes de diez dólares recibe cada nieto?

b. ¿Cuántos billetes de cinco dólares recibe cada nieto?

c. ¿Cuánto dinero recibirá cada nieto en total?

¡Resuélvelo!

Sigue estos pasos para resolver el problema.

Paso 1: Son 10 nietos. Hay 10 billetes de diez dólares. Haz un dibujo que te ayude a repartir los billetes de diez dólares en partes iguales entre todos los niños.

Paso 2: Son 10 nietos. Hay 20 billetes de cinco dólares. Haz un dibujo que te ayude a repartir los billetes de cinco dólares en partes iguales entre todos los niños.

Paso 3: Observa los billetes que recibe 1 niño. ¿Cuánto vale cada billete? Suma estos valores para hallar el monto total que recibirá cada nieto.

Glosario

colecciones—grupos del mismo tipo de objeto

descubrir—hallar o aprender

desván—habitación situada justo debajo del techo de una casa

dividir—repartir o agrupar en partes iguales

explorar—buscar

igual—que tiene el mismo tamaño, valor o cantidad

Mickey Mantle—famoso beisbolista que jugó para los yanquis de Nueva York

tablón de anuncios—pizarra para colgar fotografías o notas

Índice

Exploremos las matemáticas

Página 7:

a. 1 baúl cada uno

b. 1 caja cada uno

Página 13:

5 cómics cada uno

Página 17:

a. 10 tarjetas cada uno

b. 5 tarjetas cada uno

Página 19:

4 muñecas de papel cada una

Página 21:

6 automóviles cada uno

Resuelve el problema

a. 1 billete de diez dólares

b. 2 billetes de cinco dólares

c. $20.00 cada uno